(N° 220)

COLLECTION DE M. LE BARON ROGER PORTALIS

Vente des Jeudi 2 et Vendredi 3 Février 1911

HOTEL DROUOT — SALLE N° 10

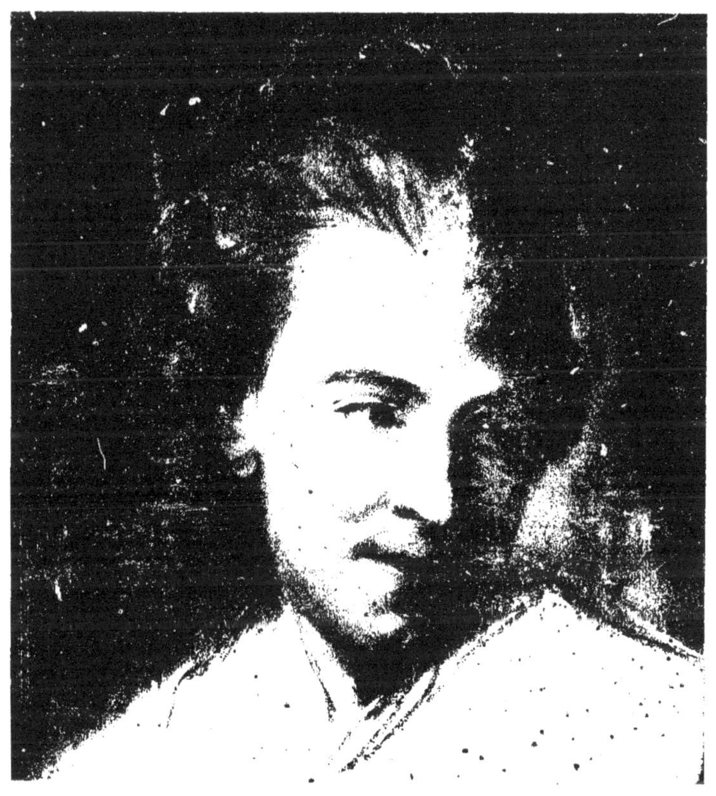

(N° 121 du Catalogue.)

DESSINS & ESTAMPES

Me F. LAIR-DUBREUIL — M. LOYS DELTEIL

EXPOSITION PUBLIQUE : Hôtel Drouot, Salle N° 10

Le Mercredi 1er Février 1911, de 2 à 6 heures

IMPRIMERIE

FRAZIER-SOYE

153-157, Rue Montmartre

PARIS

CATALOGUE

DES

DESSINS

ET

ESTAMPES

ANCIENS & MODERNES

principalement

DE

L'ÉCOLE FRANÇAISE DU XVIIIe SIÈCLE

COMPOSANT LA COLLECTION DE M. LE BARON ROGER PORTALIS

Dont la vente aura lieu

à Paris, HOTEL DROUOT, Salle N° 10

Les Jeudi 2 et Vendredi 3 Février 1911

à 2 heures précises

Par le Ministère de Me F. LAIR-DUBREUIL

COMMISSAIRE-PRISEUR

6, Rue Favart

Assisté de M. LOYS DELTEIL, Artiste-Graveur, Expert

2, Rue des Beaux-Arts

CONDITIONS DE LA VENTE

Elle sera faite au comptant.

Les adjudicataires paieront *dix pour cent* en sus des enchères.

M. LOYS DELTEIL remplira les commissions que voudront bien lui confier les amateurs ne pouvant y assister.

MM. les amateurs pourront visiter la collection, 2, *rue des Beaux-Arts*, du Vendredi 27 au Mardi 31 Janvier 1911, de 2 heures à 5 heures (le Dimanche excepté).

EXPOSITION PUBLIQUE A L'HOTEL DROUOT, SALLE N° 10

Le Mercredi 1er Février 1911, de 2 à 6 heures.

ORDRE DES VACATIONS :

Jeudi 2 Février (Dessins). . . . . . N° 1 à 214.
Vendredi 3 Février (Estampes) . . . 215 à la fin.

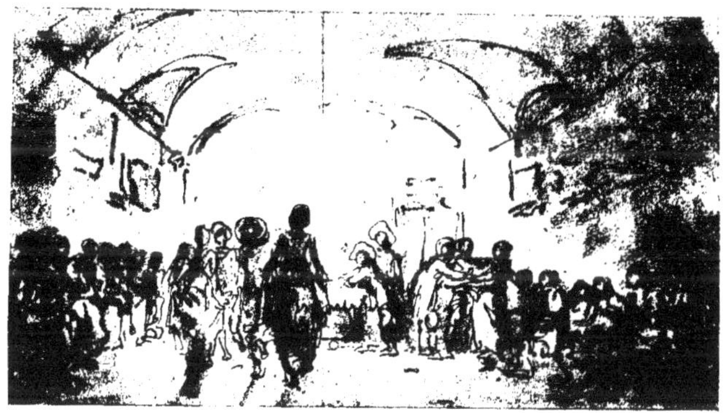

N° 175 du Catalogue.

DÉSIGNATION

DESSINS

BANDINELLI (attribué à Baccio)

1. Études de figures nues en pied, verso et recto. A la plume.

H. 433. L. 280.

BAROZZIO (F.)

2. L'Adoration des Rois — Un Ange. Deux dessins à la plume, lavés d'encre de chine ou de tonalité bleue.

BAUDRY (Paul)

3. La Mère et l'Enfant. A la mine de plomb avec rehauts de couleurs, sur fond essencé. Encadré, cadre bois sculpté.

H. 433. L. 310.

BÉLANGER LE JEUNE (Louis)

4. Gorge dans les montagnes. Aquarelle gouachée. Signée et datée : 1783. Collection du P[ce] Repnine. Encadrée.

H. 520. L. 395.

5. Le Village fortifié au pied de hautes montagnes. Aquarelle gouachée. Signée : *Louis Bélanger 1783*. Encadrée. Cadre ancien.

L. 500. H. 360.

BERGEVIN ?

6. Vue d'un Château agrémenté de nombreux personnages. A la plume, lavé d'encre de chine et légèrement rehaussé. Avec l'inscription : *A Madame de Baunay Par son serviteur Bergevin 78* (1778). De forme ovale. Encadré. Cadre ancien.

L. 320. H. 235.

BOLOGNE (École de Jean de)

7. Combat de Centaures et d'hommes nus. A la plume.

L. 415. H. 195.

BOTH (Jan)

8. Le Pont de bois. Plume et encre de chine.

L. 380. H. 275.

9. Le Portique en ruines au bord de la mer. Crayon, sépia et encre de chine.

L. 377. H. 244.

BOUCHER (François)

10. Académie d'Homme. A la pierre noire, avec rehauts de blanc. Collection de Chennevières. Encadré.

L. 440. H. 360.

11. Les Déchargeurs (Cris de Paris, pl. 4). A la sanguine. Encadré.

H. 257. L. 171.

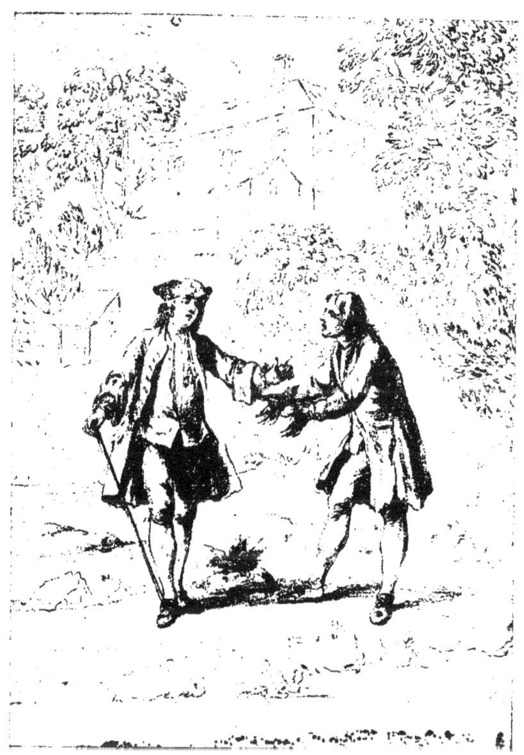

N° 23 du Catalogue.

BOUCHER (École de F.)

12. Femme nue, de dos. Contre épreuve de sanguine. Encadrée.

L. 327. H. 268.

13. Études d'Amours, motifs de décoration, six dessins crayon noir sur papier bleu.

BRAMANTE (attribué au)

14. Motif de décoration architecturale. Plume et sépia.

L. 293. H. 175.

CALLET (Ant. Franç.)

15. Buste de jeune Femme, le front ceint d'un bandeau. Peinture sur papier. Encadrée.
H. 300. L. 245.

16. Études et compositions, la plupart relatives à la mythologie. Treize dessins.

CASANOVA (F.)

17. Soldats à l'exercice. Crayon noir avec rehauts de blanc. Au verso, on lit : *Casanova fait pour Mr de Montulé.*
L. 490. H. 310.

CHASSELAT (Ch.)

18. Victor ou l'Enfant de la Forêt, 4 dessins à la sépia.

CHATELET (Ch. Louis)

19. Vue de la petite ville de Lago Negro, dans les Apennins. Aquarelle.
L. 437. H. 330.

COCHIN FILS (C. N.)

20. Motifs pour coffret, avec scènes de l'*Aminte* du Tasse. Crayon et plume avec de légers rehauts.

21. Lisette. A la sanguine. Encadré. H. 238. L. 188.

22. Apollon et les Muses — Scène de la vie de St Louis. Deux dessins.

COCHIN FILS (d'après Oudry)

23. Le Jardinier et son Seigneur (pour les Fables de La Fontaine). Crayon. Encadré. Cadre ancien, bois sculpté et doré.
H. 250. L. 175.

COLLIN DE VERMONT (Hyacinthe)

24. Antiochus et Stratonice. Crayon et sépia, avec rehauts de gouache. Signé. Collection de Chennevières.
L. 307. H. 267.

COURTOIS

25. Jeune fille en buste. Sanguine. Signée et datée : 1791. Encadrée.

H. 280. L. 220.

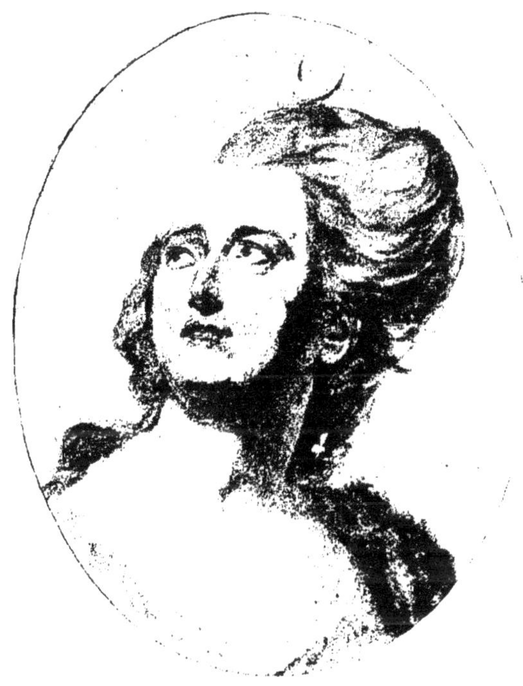

N° 28 du Catalogue.

DAGNAN-BOUVERET (P. A. J.)

26. Étude. A la mine de plomb. Signé et daté : 7 *Déc. 1881*.

DANLOUX (attribué à)

27. Portrait d'Homme en buste. Crayon rehaussé de pastel et d'aquarelle. De forme ovale. Encadré. Cadre ancien.

H. 130. L. 095.

DARMANCOURT (Jean-Augustin)

28. Portrait de l'actrice Hélène Pilet (Mlle d'Épinay), femme de F. R. Molé. Crayon noir, rehaussé de sanguine et de blanc. De forme ovale. Collection Romagnesi et de Chennevières. Encadré.

H. 498. L. 395.

DEBUCOURT (P. L.)

29. Portrait de Personnage imberbe. Dessin de forme ovale, rehaussé d'aquarelle et de gouache. Signé au verso des initiales D. B. Encadré. Cadre ébène.

H. 188. L. 143.

DELAHAYE (P.)

30. Le Moulin. A la sépia. Signé et daté : 1777.

L. 483. H. 360.

DENON (D. V.)

31. Études pour Jupiter et Léda. Crayon, sanguine et encre de chine.

L. 202. H. 123.

DROUAIS FILS (F. H.)

32. Étude d'Homme nus assis, de dos. A la sanguine. Signé. Encadré.

L. 555. H. 370.

DUGOURE (J. D.)

33. Le Nid. A la plume, lavé d'encre de chine et légèrement rehaussé. Signé du monogramme et daté : 1774. Encadré.

H. 228. L. 217.

DUPLESSI-BERTAUX (J.)

34. L'Attaque des Brigands — Les Brigands pourchassés. Deux dessins à la plume, lavés d'encre de chine.

DUQUESNOY (François)?

35. Études d'Enfants. Plume, crayon et sanguine.

L. 295. H. 170.

ÉCOLE ALLEMANDE (XVIe siècle)

36. Paysage orné de ruines. A la plume.
L. 175. H. 158.

ÉCOLES ANCIENNES

37. Ulysse et la sirène — Le Christ en croix — Thésée et le Minotaure — Mercure et Argus — Polyphème. Cinq dessins par ou attribués à Van Vianen, Van Dyck, Lorenzio, etc.

38. Sujets mythologiques — Une source — Tarquin et Lucrèce — La Nativité — Paysage. Cinq dessins par ou attribués à Cambiaso, Silvestre, Franck, etc.

39. Ruines d'un temple — Paysage à la tour — Le Portique — Le Sarcophage — Une place publique. Cinq dessins par ou attribués à Perelle, Vitelli, Lemaire Poussin, etc.

40. Adam et Eve — Conversion de St Paul — La Circoncision, etc. Six pièces par ou d'après Dürer, Lucas de Leyde et Goltzius.

41. Sujets divers — Etudes — Paysages. Dix dessins par ou attribués à Pater, Solimène, de Lairesse, etc.

ÉCOLES FLAMANDE ET HOLLANDAISE

42. Sujets divers — Etudes de figures — Paysage, 7 dessins par ou attribués à Vinckeboons, Bramer, Goltzius et autres.

ÉCOLE FRANÇAISE (XVIe siècle)

43. Portrait d'un jeune Seigneur (anno ætatis suœ 19) dans un intérieur. Dessin enluminé. Encadré. Cadre ébène.
H. 123. L. 075.

ÉCOLE FRANÇAISE (XVIIIe siècle)

44. Moïse sauvé des eaux. Plume et encre de chine, lavé de rose.
L. 378. H. 304.

45. Ebats de satyres et de bacchantes. Gouache. Encadrée.

H. 245. L. 187.

46. Bacchante au Cygne. Aquarelle. De forme ovale. Encadrée.

H. 330. L. 265.

47. L'Innocence instruite par l'Amour. Crayon noir avec rehauts de blanc. Encadré.

H. 268. L. 207.

48. Le Sculpteur dans son atelier, sujet galant. Pastel. De forme ovale. Encadré.

H. 555. L. 440.

49. Le Médaillon, scène familiale. Aquarelle gouachée. Encadrée.

L. 410. H. 350.

50. L'Enlèvement. Crayon lavé de sépia. Encadré.

H. 255. L. 165.

51. Le Dessinateur d'après le Modèle. Crayon et sépia. Encadré.

H. 180. L. 117.

52. L'Étude du dessin. A la sanguine. Encadré. Cadre ancien.

H. 320. L. 220.

53. Le Galant et la Ravaudeuse. A la sépia. Encadré.

H. 205. L. 145.

54. La Baigneuse. Sanguine et sépia. Encadré. Cadre ancien noir et or.

H. 333. L. 223.

55. Fillette en buste, de profil. Aux trois crayons. De forme ronde. Encadré. Cadre ancien.

Diam. 071.

56. Jeune Femme en buste. Ébauche de pastel. De forme ovale. Encadré. Cadre ancien.

H. 315. L. 265.

57. Portrait de jeune Femme en buste. Crayon noir rehaussé de pastel. Encadré.

H. 153. L. 098.

58. Jeune Femme à mi-corps de profil à gauche. Aux trois crayons. De forme ovale. Encadré.
H. 135. L. 120.

59. Jeune Femme à mi-jambes, tenant un éventail. Aux crayons de couleurs. Encadré. Cadre ancien.
H. 182. L. 137

60. Masque de jeune Femme. Aux crayons de couleurs. Encadré.
H. 295. L. 200.

61. Jeune Femme à mi-corps, de profil. A la sanguine. Encadré.
H. 148. L. 122.

62. Portrait de Femme coiffée d'un ruban blanc. Crayon noir avec rehauts de sanguine et de blanc. Encadré. Cadre ébène et or.
H. 203. L. 140.

63. Tête de Paysanne dormant. A la sanguine. Encadré. Baguette ancienne.
H. 165. L. 185.

64. Portrait d'Homme imberbe. Au crayon noir avec rehauts de blanc, sur papier bleu. Encadré.
H. 390. L. 295.

65. Portrait d'Homme en buste, de trois quarts à droite. Pastel inachevé dans certaines parties. De forme ovale. Encadré.
H. 550. L. 440.

66. Jeune Homme en buste. Crayon noir avec légers rehauts de sanguine et de blanc. Sous verre.
H. 365. L. 270.

67. La Charrette sortant d'un bois. Gouache. Encadrée.
L. 485. H. 355.

68. Paysage. Gouache. Encadrée.
L. 270. H. 180.

69. Sujets libres. Deux dessins à la sépia.

70. Figures satyriques de juges. Trois dessins rehaussés d'aquarelle. Sous le même cadre.

71. Portrait et études diverses. Quatre dessins par Watteau de Lille, Lemoyne, etc.

ÉCOLE FRANÇAISE (débuts du XIXe siècle)

72. Le Bureau de la 4e Division des Droits réunis, composition humoristique dans le goût de Bosio. A la plume, lavé d'encre de chine et d'aquarelle. Encadré.

L. 352. H. 265.

73. Salmacis et Hermaphrodite ? Sépia et gouache. Encadré. Cadre empire.

H. 225. L. 190.

74. Intérieur d'un Parc. Gouache. Encadrée.

L. 525. H. 385.

75. Personnage en pied, assis de profil à gauche. Crayon noir avec rehauts de couleurs. Encadré.

H. 198. L. 147.

76. La Lanterne magique. Plume et encre de chine, légers rehauts. Encadré.

L. 177. H. 143.

ÉCOLE ITALIENNE (débuts du XVIe siècle)

77. Études de figures nues : au verso, études de têtes et de pieds. A la plume, lavé de sépia.

H. 228. L. 166.

ÉCOLE ITALIENNE (XVIe siècle)

78. Le Corps du Christ porté au Ciel par les Anges. A la plume, lavé de sépia. De forme ronde. Collection Warwick. Encadré.

Diam. 160.

79. Figure en pied du Dante. A la plume. Encadré. Sur le montage, on lit, en écriture ancienne : *Ritratto di Dante fatto da Michelangelo*. Cadre ancien.

H. 245. L. 105.

80. Sujet allégorique. A la plume rehaussé d'aquarelle.

L. 335. H. 185.

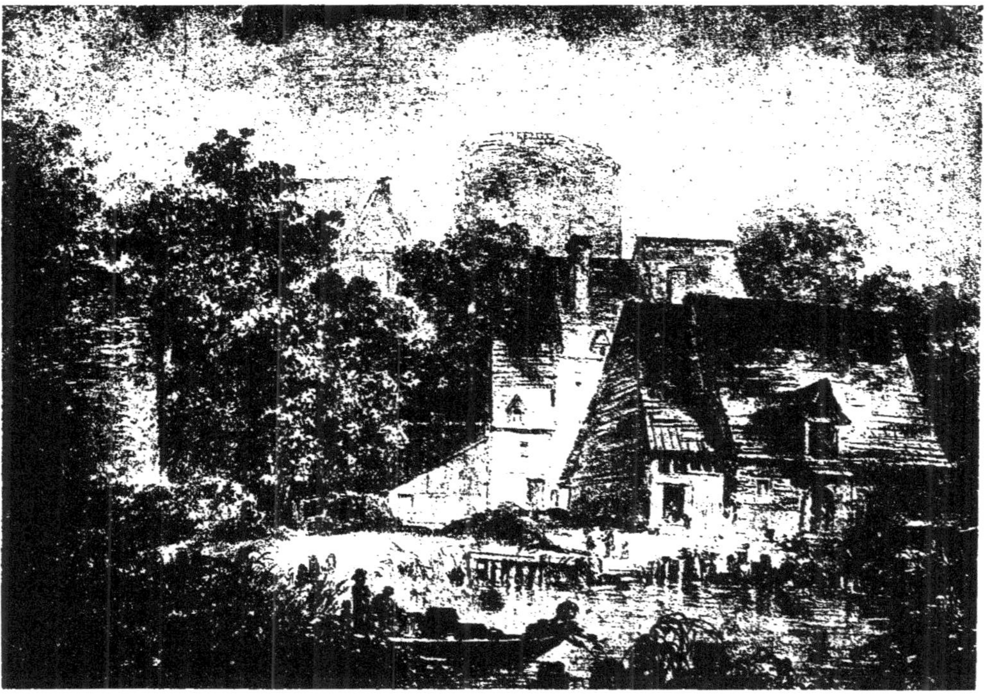

N° 98 du Catalogue.

81. Triton et Enfant. Plume et sépia avec rehauts de blanc sur papier teinté.

H. 293. L. 200.

82. Hercule et Anthée — Sujet religieux — Scène d'Histoire — Cariatides. Quatre dessins attribués à Fontana, J. Romain et P. de Caravage.

83. Motifs de frise — Motif de décoration. Deux dessins à la plume, lavés de sépia, par ou attribués à Lelio Orsi et F. Penni.

84. Frise — Études de figures — Motifs d'architecture, 6 dessins, plusieurs de l'école de Michel-Ange.

ÉCOLE ITALIENNE (XVIe et XVIIe siècles)

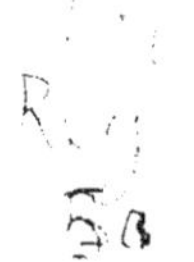

85. Sujets divers, 8 dessins attribués à Schidone, Parmesan, Dominiquin, etc.

86. Sujets divers. Onze dessins par ou attribués à Vasari, Le Guerchin, Solimène, etc.

ÉCOLE ITALIENNE (XVIIe et XVIIIe siècle)

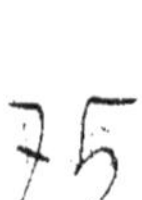

87. Sujets divers et Études, 9 dessins par ou attribués à della Bella, Allori et autres.

ÉCOLE ITALIENNE (XVIIIe siècle)

88. Double modèle de carrosse. A la plume, lavé d'encre de chine. Encadré.

L. 350. H. 238.

EDELFELT (Alb.)

89. Les Deux Vieilles conversant. A la plume, avec rehauts. Signé. Sous verre.

H. 184. L. 159.

F. A. S.

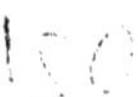

90. Scènes Militaires. Deux dessins à la sépia. Encadrés. Cadres anciens.

L. (de chaque dessin) 355. H. 200.

FRAGONARD (Honoré)

101. Scène de l'Arioste ? Crayon, encre de chine et sépia. Encadré.

H. 388. L. 255.

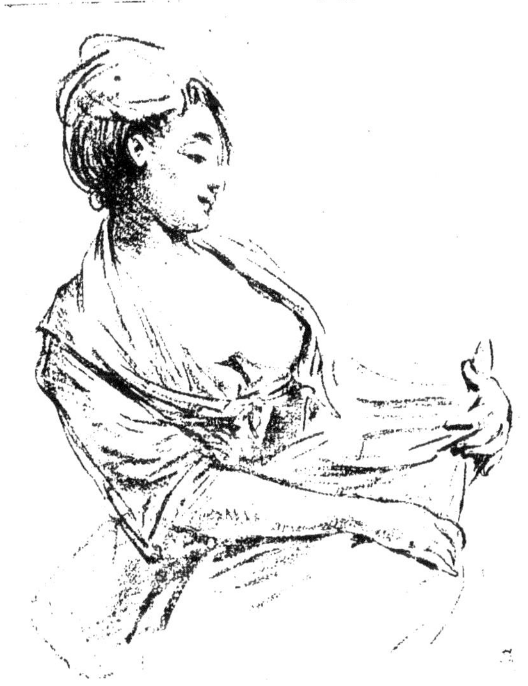

N° 101 du Catalogue.

102. Sujet allégorique (par l'Arioste) ? Crayon et sépia.

H. 395. L. 260.

103. Un Géant enchaîné. Crayon et sépia.

H. 400. L. 270.

104. Scène de batailles par l'Arioste. Deux compositions, pierre d'Italie.

H. (de chaque dessin) 400. L. 260.

95. Scène de l'Arioste, crayon et sépia.

96. Scène de l'Arioste. Crayon.

97. Scène de l'Arioste ? Crayon.

FRAGONARD (attribué à H.)

98. Le Village. Crayon et sépia. Encadré. A figuré à l'Exposition Chardin et Fragonard.

L. 478. H. 345.

99. Entrée de la maison Malvilan, à Grasse. A la sanguine et à l'encre de chine. Encadré. Cadre ancien.

L. 350. H. 215.

100. Jeux de Satyres. A la pierre d'Italie. De forme ronde. Encadré.

H. 113. L. 111.

FREUDEBERG (Sigismond)

101. Étude de jeune Femme tenant un enfant. A la sanguine. Encadré.

H. 168. L. 130.

GAILLARD (C. F.)

102. La Mère de l'Artiste ? Crayon. Griffe de la vente.

H. 362. L. 251.

GAMELIN (Jacques)

103. Un Combat. Plume et encre de chine, avec rehauts de gouache, Signé : *Gamelin Père l'an 3. Rép.* Encadré. Cadre ancien.

L. 390. H. 195.

GARAND (J. B.)

104. Portrait d'un Personnage en pied, assis, entouré d'attributs de chasse. Crayon et sanguine avec rehauts de couleurs. Signé : *par J. B. Garand 1749*. Encadré. Bordure ancienne.

H. 318. L. 225.

105. Portrait en pied d'un Personnage assis à un bureau. Crayon noir et sanguine. Signé. Encadré.

H. 387. L. 243.

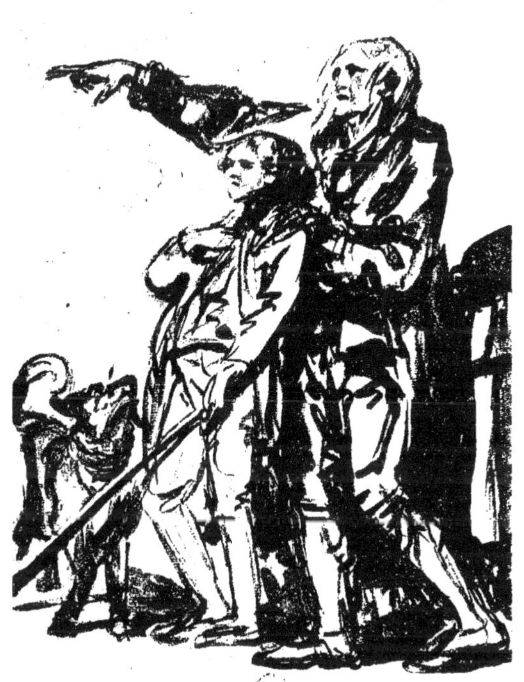

N° 113 du Catalogue.

GIRAUD (E.)

106. Vestiges d'une Église. Aquarelle.

H. 480. L. 325.

GRAVELOT (H.)

107. Projet de Frontispice avec les figures de Moïse et de Mercure. A la sépia. Signé.

H. 117. L. 070.

GRÉGOIRE (P.), d'Aix

108. *Tour antique des Romains, dans le palais d'Aix, détruite en 1779.* Plume et encre de chine. Signé des initiales.

L. 292. H. 220.

109. La Couseuse endormie. Crayon. Signé : *P. G. dessin. 1780.* Encadré.

H. 255. L. 155.

110. Réveil. Crayon noir. Signé et daté 1807.

L. 410. H. 225.

GREUZE (J. B.)

111. Tête de Jeune Fille. Pastel. Encadré.

H. 275. L. 220.

112. Le Paralytique soutenu par son Fils. A la plume, lavé de sépia et d'encre de chine. Encadré.

H. 375. L. 230.

113. Étude pour le Fils puni ? A l'encre de chine. Encadré.

H. 332. L. 225.

114. Buste de garçon. Contre épreuve de sanguine.

H. 385. L. 335.

115. Étude d'homme nu, agenouillé. A la sanguine.

GREUZE (École de)

116. La Pensive. A la sépia. Encadré.

H. 251. L. 205.

HALS (d'après F.)

117. Portrait de Femme à mi-jambes, assise. Aquarelle. Encadrée.

H. 405. L. 365.

HENNEQUIN (Ph. Aug.)

118. L'Amour inspire Anacréon. Crayon avec légers rehauts.

H. 378. L. 297.

HEYDEN (J. Van der)

119. Vue prise à Berg-op-Zoom, 1672. Plume et encre de chine.

L. 200. H. 154.

HILAIR (J. B.)

120. Danseurs Grecs au bord de la mer. Crayon et encre de chine, avec rehauts de gouache. Encadré.

L. 225. H. 156.

HOIN (Claude)

121. Portrait de Femme. Pastel. Encadré.

H. 350. L. 320.

JEAURAT (attribué à E.)

122. Les Joueurs de cartes. Crayon noir. Encadré.

L. 275. H. 205.

123. Scènes de la rue. Quatre dessins à la plume, encre de chine et sépia.

J. G.

124. L'Agréable Illusion. A la sanguine, de forme ovale. A été gravée. Encadrée.

L. 435. H. 355.

JOSÉPHIN (Guiseppe d'Arpino, dit le)

125. Un Génie. Crayon et sanguine. Signé. Encadré.

H. 380. L. 358.

JOUVENET (Jean)

126. Figure de Nu. A la sanguine. Signé.

LA FAGE (Raymond)

127. Triomphe de Bacchus et de Cérès, composition en forme d'éventail. A la plume, lavé d'encre de chine. Encadré.

L. 415. H. 210.

128. Scène mythologique. A la plume, lavé d'encre de chine. En forme d'éventail. Encadré.
L. 420. H. 210.

LA FOSSE (de)

129. Étude de mains. Aux trois crayons.
H. 215. L. 195.

LAGRENÉE (J. J. F.)?

130. Flore. Crayon noir et sanguine. Encadré.
H. 270. L. 205.

LATTEUR (J. T.)

131. Portrait en pied, assis, de Joseph, Cte de St-Genois, chambellan de l'Empereur. Au crayon noir. Légende typographique au bas.
H. 485. L. 335.

LAVALLÉE-POUSSIN (Étienne)

132. Motifs de médailles — Études diverses, 11 dessins, la plupart, *signés*.

LE BOUTEUX

133. Orphée et Euridyce (pour les chansons de Laborde). Sépia et gouache.
H. 310. L. 220.

LE DRU (Hilaire)

134. Portrait d'Homme, en buste. De forme ronde. Signé. Encadré.
Diam. 0^m66.

LE GUAY (Ét.)

135. Portrait de la M^ise de Douhaut. A l'encre de chine. Encadré. Cadre ébène noir.
H. 112. L. 080.

LE MAY (Olivier)

136. Vue du Pont de la Drôme, à Livron. A la plume, lavé d'encre de chine et rehaussé d'aquarelle. Encadré. Cadre ancien, noir et or.
L. 383. H. 242.

LENFANT (Pierre)?

137. Étude de soldats. Crayon noir avec rehauts de craie.
L. 405. H. 270.

LE PRINCE (Jean-Baptiste)

138. Bustes de Jeunes Femmes et d'Hommes. Six dessins à la sanguine et au crayon brun. Sous un même cadre.

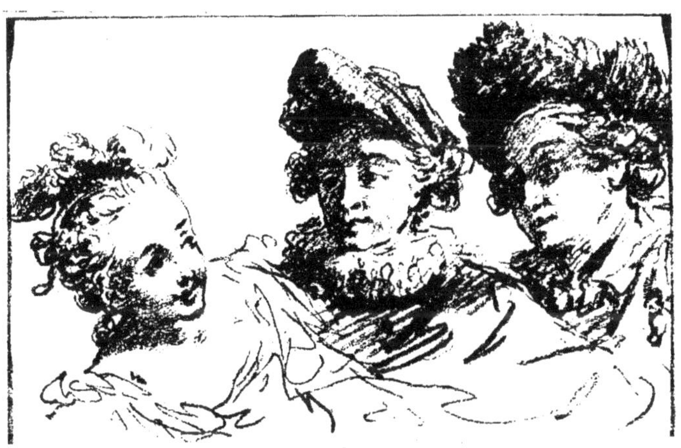

Partie du N° 139 du Catalogue.

139. Groupes de figures en buste. Six dessins à la sanguine et au crayon brun, sous un même cadre.

140. Le Repas à l'entrée de la grange. Crayon lavé de sépia. Encadré.
L. 550. H. 420.

LORRAIN (École de Cl. Gellée, dit le)

141. Le Paysage à la tour. A la plume, lavé de sépia et d'encre de chine.
L. 325. H. 225.

142. Le Pont en ruines. Plume et encre de chine.
L. 400. H. 220.

LOUTHERBOURG (P. J. de)

143. Réunion de soldats. A la plume, lavé de sépia.
H. 300. L. 243.

LOUTHERBOURG (P. J. de)?

144. Sujets champêtres. Deux dessins à la sépia, formant pendants. Dans les marges, armoiries (dédicace et le nom de l'artiste grattés). Encadrés.
H. (de chaque dessin) 300. L. 275.

MALIOLA (Andrea)

145. Le martyre d'un Saint. Plume et sépia.
H. 225. L. 165.

MALLET (Jean Bapt.)

146. La Bacchante surprise. Gouache.
H. 310. L. 230.

MARATTE (Carle)

147. Projet de frontistipice sur les Beaux-Arts. Sépia avec rehauts de gouache.
H. 425. L. 335.

MICHEL-ANGE (d'après)

148. Figure du Jugement Dernier. Crayon. Encadré.
H. 480. L. 255.

MILLET (d'après J. F.)

149. Le Départ pour les Champs. Pastel. Encadré.
L. 505. H. 370.

MOITTE (J. G.)

150. Un Sacrifice. Dessin en forme de frise. Signé : *Moitte sculpteur 1778.*
L. 405. H. 118.

MONGIN (Ant. Pierre)

151. Le Parc. Gouache. Signée et datée : 1794. Encadrée.
L. 305. H. 235.

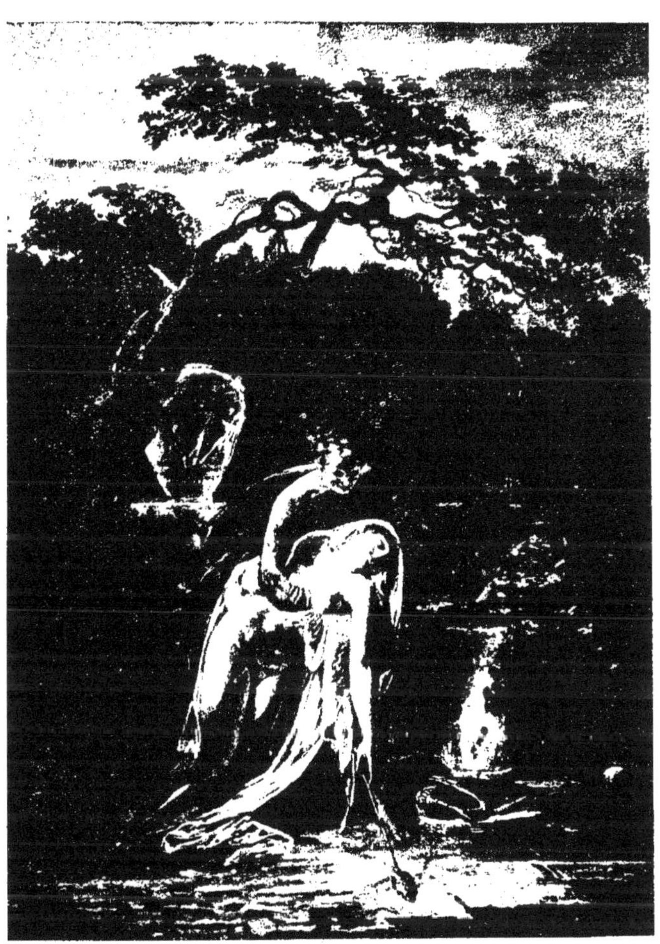

N° 146 du Catalogue.

MONNET (Ch.)

152. Composition pour une scène d'histoire. A la plume, lavé de sépia. Signé : *C. Monnet inv. 1768.*
H. 231. L. 173.

MONNET (Charles) ?

153. Vénus et l'Amour. Au crayon brun. Sur l'ancien montage, on lit : *Reçois les des Mains de l'Amour, pour les repandre sur ma vie.* Encadré.
L. 243. H. 235.

154. Composition pour un Fleuron. A la plume, lavé d'encre de chine. Encadré.
H. 190. L. 148.

MORIN (Edmond)

155. Fin de Tempête. Aquarelle gouachée. Signée et datée : 1875.
L. 468. H. 225.

156. La Côte d'azur. Aquarelle. Signée et datée : 1875.
L. 415. H. 270.

NATOIRE (Ch.)

157. Martyre de St André. A la plume, lavé d'encre de chine et rehaussé d'aquarelle.
H. 560. L. 410.

158. Allégorie, projet de plafond. Crayon et encre de chine.
H. 385. L. 272.

NOEL (Alex J.)

159. Les Pêcheurs. Aquarelle gouachée. Encadrée. Cadre ancien. Signée sur le passe-partout.
L. 595. H. 335.

ORNEMENTS (dessins d')

160. Motifs ornementaux et décorations architecturales, 5 dessins anciens, un rehaussé d'aquarelle.

161. Fontaine — Cartouches — Motifs de frises, etc. Sept dessins anciens.

OUDRY (J. B.)

162. Ragotin dans le coffre (Roman comique). A la pierre noire. A été gravé. On y a joint la gravure. Encadré.

H. 330. L. 285.

PARIS (J. F.)

163. Moutons. Aquarelle. Cachet de la vente de l'artiste.

L. 300. H. 195.

PIAZZETTA (G. B.)

164. Frontispice pour un ouvrage de L. B. Alberti, architecte florentin ? Plume et encre de chine.

H. 350. L. 238.

PIERRE (J. B. M.)

165. Etudes de figures nues. Deux dessins à la sanguine (un encadré).

PINEAU (B.)

166. Consoles et balustres. Deux dessins à la sanguine.

PIRANESI (G. B.)

167. Deux études de personnage. Crayon noir et sanguine. Encadré.

H. et L. 215.

PREUDHOMME (de Genève)

168. Garçon en buste. Au crayon noir, avec rehauts de sanguine. Signé.

H. 365. L. 315.

PRUDHON (Ecole de P. P.)

169. Etude de Femme nue assise, tenant un écheveau. Crayon noir avec rehauts de blanc.

H. 435. L. 277.

QUEVERDO (F.-M.)

170. La Religion détruisant l'hérésie, composition pour vignette. Crayon sur papier vélin, signé et daté 1769.

REGNAULT (le B^on)

171. La Prise de Troie ? Encre de chine et gouache. Collection de Chennevières.

L. 320. H. 210.

REGNAULT (Henri)

172. Un Marchand en plein air. Aquarelle. Signée : *HR. Madrid 68*. Encadrée.

H. 420. L. 245.

173. Sujets divers — Études — Paysages. Quatorze dessins, mine de plomb, plume ou sanguine.

REMBRANDT (École de)

174. Joseph expliquant les Songes — Femme nue, devant le poële. Deux dessins à la plume, lavés de sépia ou d'encre de chine.

ROBERT (Hubert)

175. Les Danseurs. Plume et sépia.

L. 268. H. 145.

176. Le Dessinateur. A la sanguine. Encadré.

L. 192. H. 158.

ROBERT (Hubert) ?

177. Villa Frascati. Plume et sépia. Avec la légende manuscrite : *dessiné à Frascati au belvédère Borghèse*. Encadré.

L. 340. H. 184.

RUBENS (P. P.)

178. Études de Figure, d'ap. Michel-Ange. A la pierre d'Italie. Collection Lempereur. Encadré.

H. 325. L. 220.

SAINT-AUBIN (Gabriel de)

179. Étude de personnage et de mains, 12 août 1757. Crayon noir. Encadré. 580

L. 198. H. 130.

180. Scène d'intérieur. Crayon noir et brun et sépia (au verso d'une page de musique), 75

L. 215. H. 170.

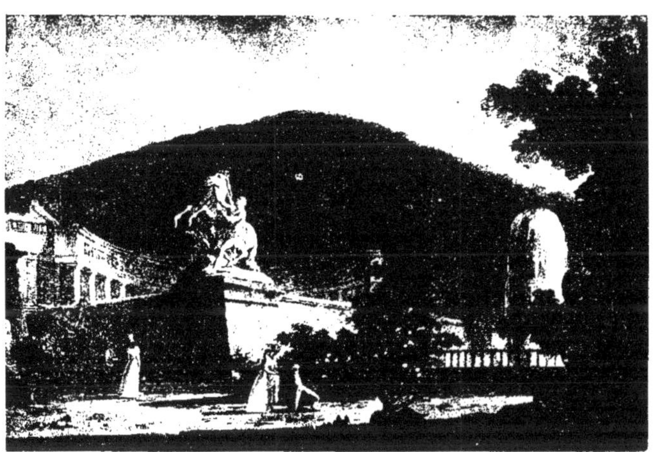

N° 151 du Catalogue.

SANZIO (École de Raphaël)

181. Étude de Moine. A la plume. 100

H. 208. L. 120.

182. La Descente de croix, variante de la composition connue par l'estampe d'Ugo da Carpi. 180

H. 362. L. 280.

SICARDI (attribué à)

183. La petite Espiègle. Aux crayons de couleurs. Encadré. Bordure ancienne. 300 Lazard

H. 200. L. 150.

SUVÉE (J. B.)

184. Ruines à Albano. A la sanguine. Signé et daté : 1774. Encadré.

L. 445. H. 325.

TASSAERT (Octave)

185. Le Dénicheur de moineaux endormi. Aquarelle. Encadrée.

H. 305. L. 220.

TERBURG (G.)

186. Personnage en pied. Crayon noir avec rehauts de blanc, sur papier bleu.

H. 318. L. 188.

TOUZÉ (J.)

187. Les Amusements dangereux. A la plume, lavé d'aquarelle. Encadré. Cadre ancien. A été gravé par Voyez le jeune.

H. 320. L. 250.

TRINQUESSE (L.)

188. Profil de Femme. Contre-épreuve de sanguine.

H. 480. L. 353.

VAGA (attribué à Perino del)

189. Scènes de l'Histoire romaine entourant un cartouche, projet de frontispice. A la plume, lavé d'encre de chine.

L. 215. H. 150.

VANLOO (Ecole de C.)

190. Étude de personnage drapé. Esquisse peinte. Encadrée.

H. 475. L. 355.

VERNET (Joseph)

191. Feuille d'étude de treize figures de femmes. A la plume, lavé de sépia. Encadré.

L. 430. H. 342.

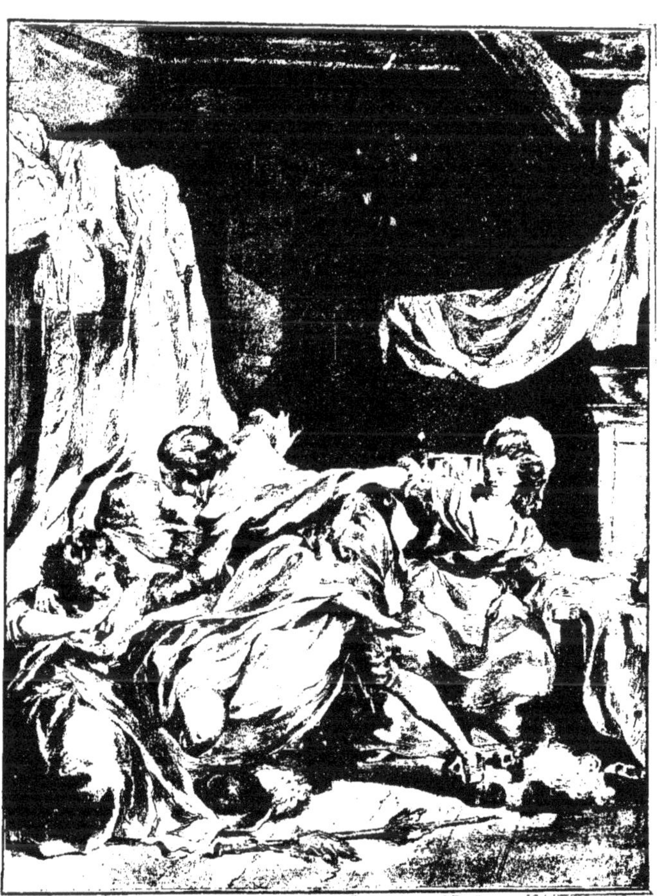

N° 187 du Catalogue.

VESTIER (Ant.)

192. Le Dessinateur. Plume et encre de chine. Au verso, croquis. Encadré.

H. 188. L. 142.

VINCENT (F. Ant.)

193. Portrait supposé de Mme Rolland. Aux crayons de couleurs. De forme ovale. Encadré. Cadre ancien noir et or.

H. 440. L. 355.

194. La leçon de la nature, plume et sépia avec rehauts de gouache. Signé et daté : 1795.

L. 455. H. 395.

VOS (de)

195. Pastorale. A la plume sur vélin.

L. 275. H. 215.

WATTEAU (Antoine)

196. Assemblée dans un Parc. A la sanguine. Encadré.

L. 280. H. 170.

WATTEAU (L.-J. de Lille)

197. Jeune Femme à mi-jambes, tenant une corbeille. Crayon avec rehauts de blanc, sur papier bleu. Encadré.

H. 260. L. 202.

198. Jeune Femme à mi-corps — Jeune Homme à mi-jambes assis. Deux dessins au crayon noir, avec rehauts de blanc, sur papier bleu.

WEIROTTER (F. E.)

199. Paysages. Deux dessins à l'encre de chine. Signés.

WICAR (J. B.)

200. Sacrifice d'Abraham, d'apr. Livio Mehus. Au crayon noir. Signé et daté : 1792.

H. 254. L. 230.

WILLE (J. G.)

201\. La tour de Monthléry. A la sanguine. Signé et daté 1770.

L. 215. H. 180.

WILLE FILS (P. A.)

202\. Personnage en pied, se dirigeant vers la gauche. A la sanguine. Encadré.

H. 338. L. 227.

ZUCCHERO (Taddeo)

203\. Un Concert d'Anges. Plume et sépia. Signé des initiales.

H. 282. L. 255.

204\. Ronde d'Enfants. A la plume, lavé d'encre bleue. De forme ronde.

Diam. 151.

205\. Buste de Jeune Homme. Crayon noir et sanguine. Encadré.

H. 125. L. 084.

DIVERS

206\. Sujets divers, études, portrait, paysages, 11 dessins attribués à divers artistes.

207\. Sujets divers — Paysages, etc. 11 dessins, la plupart anciens.

208\. Sujets divers et études, 12 dessins anciens par ou attribués à Vigée, Vien, Taunay et autres.

209\. Sujets divers, études, paysages, 15 dessins anciens.

210\. Sujets divers, études, paysages, 17 dessins anciens et modernes, par ou attribués à Gravelot, Boizot, Lehmann, Cassas et autres.

211\. Sujets divers, études, paysages, 17 dessins attribués à divers artistes.

212. Sujets divers, études, paysages, 18 dessins anciens et modernes.

213. Sujets divers, études, paysages, 13 dessins anciens et modernes.

214. Sous ce n°, il sera vendu par petits lots six dessins et gravures encadrés ou non.

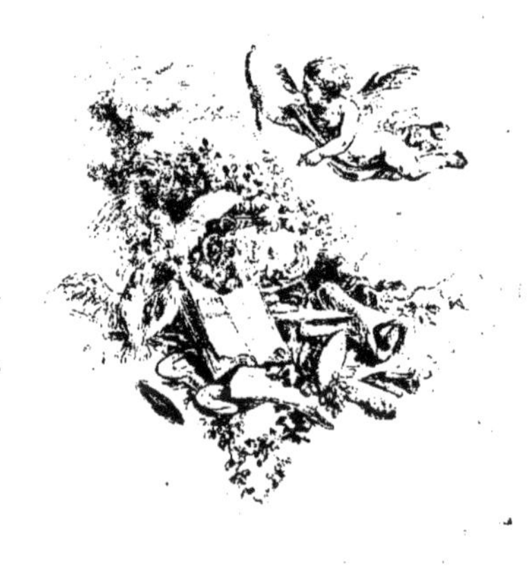

N° 154 du Catalogue.

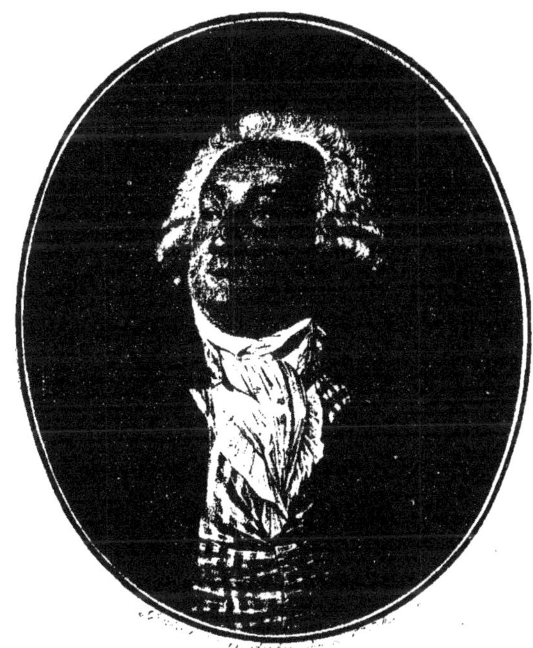

N° 216 du catalogue.

ESTAMPES

ALDEGRAVER (H.)

215. Tarquin et Lucrèce (B. 63) — Apollon (74). Deux pièces. Belles épreuves.

ALLAIS (Ang. Briceau, Mme)

216. Mirabeau, 1791. Très belle épreuve *imp. en couleurs.* Rare.

BALÉCHOU (J. J.)

217. Ste Geneviève, d'apr. C. Vanloo. Très belle épreuve. (Mouillures).

218. Mlle Loizerolle, d'apr. Aved (P. et B. 29). Très belle épreuve.

219. La Tempête, d'apr. J. Vernet. Belle épreuve *avec* la faute (petits épidermures).

BALLONS (Estampes sur les)

220. Expérience faite à Versailles, par Mr Montgolfier, 19 sept. 1783, par N. De Launay — Embrasement déplorable de la Machine Aérostatique des Srs Miolan et Janinet. Trois pièces. Belles épreuves, une *avant toute lettre.*

BAUDOUIN (d'apr. P. A.)

221. Le Catéchisme — Le Confessional (12-15). Deux pièces par P. E. Moitte, se faisant pendants, la 1re en très belle épreuve.

BEATRIZET (Nicolas)

222. Hippolyte de Gonzague, fille de Ferdinand (R. D. 39). Très belle épreuve du 1er état.

BEHAM (H. S.)

223. Les Travaux d'Hercule (96-107). Suite de 12 pl. (incomplète de la pl. 3), soit 11 pièces. Belles épreuves.

BELLA (S. della)

224. La Perspective du Pont Neuf de Paris. Belle épreuve.

BERTRAND (A.)

225. Embarquement pour Cythère, d'apr. A. Watteau. Très belle épreuve, *imp. en couleurs, signée* et *numérotée.*

BERVIC (Ch. Cl.)

226. Sénac de Meilhan (G.), d'apr. Duplessis. Très belle épreuve *avant la lettre.*

BOREL (d'apr. Ant.)

227. La Ruse d'amour, par P. Baquoy. Belle épreuve.

BROOKSHAW (R.)

228. The Honble Miss Chudley, 1767. Belle épreuve.

BRY (J. Th. de)

229. La Fontaine de Jouvence — Marche de soldats. Deux pièces d'apr. H. S. Beham. Belles épreuves.

BUHOT (Félix)

230. L'Hiver à Paris (G. B. 128). Très belle épreuve sur japon.

CARICATURES

231. *A Witch — Enchantments lately seen upon... Wales — Flannel Armour... — The King of Brobdingnag and Gulliver — A Meeting of Connoisseurs.* Cinq pièces par Gillray, Newton et Williamson. Belles épreuves (4 *coloriées*).

232. Le Suprême Bon Ton — Les Musiciens du Nouveau et de l'Ancien Régime — Le Charlatan — Art de rapiner — Traité du sublime — Le Mari complaisant. Six pièces. Belles épreuves (*4 coloriées*).

CARTE

233. *Je Jure d'être fidèle à la Nation, à la Loi, au Roi, 1790*, cocarde de forme ronde, *imp. en couleurs*. Très rare.

CASA (Nicolo della)

234. Bandinelli (Baccio) (R. D. 2). Belle épreuve.

CASSATT (Mary)

235. Femme et enfant sur l'herbe (L'estampe nouvelle). Très belle épreuve, *imp. en couleurs*, *signée* (n° 2).

236. La Leçon de crochet. Très belle épreuve, *signée* (n° 2).

CHAHINE - BERTON - BELLEROCHE

237. Scène populaire — La Toilette — Portrait. Trois pièces. Très belles épreuves, *signées* et *numérotées*.

CHARLET (N. T.)

238. Le Marchand de Dessins Lithographiques. Très belle épreuve.

CHOFFARD (P. P.)

239. Adresse d'un artiste ? (P. et B. 147). — Armes du Mis de Marigny (609). Deux pièces. Belles épreuves.

COCHIN FILS (d'apr. C. N.)

240. Perronneau (J. B.) — Pommyer (l'Abbé) — Cochin fils (C. N.) — Pce de Rohan-Guéméné, etc. Sept pièces par A. de St Aubin, B. A. Nicolet, Lingée et autres. Très belles épreuves.

DANLOUX (d'après H. P.)

241. Allégorie à l'honneur de l'amiral Duncan, par C. Wilkin, 1800. Très belle épreuve.

DELACROIX (Eugène)

242. Le Forgeron (L. D. 19). Très belle épreuve *avant la lettre*, les essais non encrés.

DELAULNE (Étienne)

243. Sujets mythologiques, 4 motifs en forme de frise circulaire. A la plume, lavés d'encre de chine.

DELCOURT (Maurice)

244. La Modiste — Place St Georges. Deux pièces *imp. en couleurs numérotées*.

DEMARTEAU (G.)

245. Le Paysan de Gandelu (l'Abbé Pommyer), d'apr. C. N. Cochin fils. Superbe épreuve *avant la lettre, tirée en sanguine.*

246. Jeune Femme endormie, d'apr. Boucher. Belle épreuves, *imp. en sanguine* (sans marges). Encadrée.

247. Femme en buste, d'apr. Vincent (nº 649). Belle épreuve aux 3 crayons. — Licurgue blessé dans une sédition, d'apr. Cochin fils. Deux pièces.

DREVET (P.)

248. Cotte (R. de), d'apr. H. Rigaud (34). Très belle épreuve.

249. Nemours (Marie d'Orléans, Dˢˢᵉ de), d'apr. H. Rigaud (115). Belle épreuve.

DREVET (P. I.)

250. Bossuet, d'apr. H. Rigaud (D. 12). Belle épreuve avec un seul point. 265

DUCHANGE (G.)

251. Ant. Coypel et son Fils — Girardon (F.) — La Fosse (Ch. de). Trois pièces d'ap. Coypel et Rigaud. Belles épreuves.

DYCK (Ant. van.)

252. Vorsteman (Lucas). Superbe épreuve *avec les lettres G. H.* 280

253. Breugel (J.) — Franck (F.). Deux pièces. Belles épreuves.

EAUX-FORTES MODERNES

254. Sujets divers et Paysages, 48 pl. par Lalanne, Courtry, de Nittis, Champollion, etc., plusieurs *avant la lettre.*

255. Sujets divers, objets d'art, 11 pl. par Jacquemart, Ch. Jacque, Edm. Morin, Edelfeldt, etc. Belles épreuves.

ÉCOLES ANCIENNES

256. Sujets divers et Paysages, 8 pl. par Rembrandt, Cl. Gellée, Berghem, Both, Dusart, etc.

ECOLE FRANÇAISE (XVIIIe siècle)

257. Jupiter et Sémélé. Belle épreuve *imp. en couleurs* et *rehaussée*. Sans marges. Encadrée.

258. Etude de la Dame de Charité, par Massard, d'apr. Greuze — Trait de courage de Catherine Vassent, par Janinet — Chasse au loup, par Oudry — Les Grâces, par Janinet, d'apr. Pellegrini (épr. en noir). Quatre pièces. Belles épreuves (une *imp. en couleurs*.)

259. Ah ! si je te tenais ! — Je t'en ratisse — Odalisque — Le fiacre — Memnon ou l'école du sage — Frontispice de l'Encyclopédie. Six pièces d'après Danloux, Moreau le jeune, Cochin, Saint-Aubin, etc. Belles épreuves.

260. Le Chaste Joseph — Diane endormie — Vénus endormie — La Chaste Suzanne — Salmacis et Hermaphrodite. Cinq pièces par Beauvarlet, Daullé et Littret, d'apr. Nattier, S-Quentin, Vien et de Troy. Belles épreuves.

261. Portrait de Bergeret — Frontispice des différents jeux — Exemple d'humanité de Madame la Dauphine — Sacrifice de Corésus — Caricatures, etc. Neuf pièces par De Marteau, Danzel, Godefroy, Saint-Aubin et autres.

ÉCOLE ITALIENNE

262. Sujets religieux et mythologiques, 9 pl. de l'École de Marc-Antoine, Parmesan, etc.

EISEN (Charles)

263. L'Automne (P. de B. 7.) — Les trois Grâces, pl. *non décrite* — L'Amour assortit les Bergers, par Patas. Trois pièces. Belles épreuves.

ESTAMPE NOUVELLE (l')

264. Sujets divers et Paysages, 13 pl. par P. Colin, Sunyer, Canals, Beaufrère, etc. Très belles épreuves.

FICQUET (Etienne)

265. Maintenon (Mme de), d'apr. P. Mignard. Très belle épreuve.

266. Montaigne — Molière — La Fontaine (des Fables) — J. J. Rousseau. Quatre pièces. Très belles épreuves.

267. Crébillon, 2 états — Fénelon — Regnard — Descartes — Arioste. Sept pièces. Belles épreuves.

FIESINGER (G.)

268. Orléans (L. Ph. J. d'), d'apr. Couriguer. Très belle épreuve, *imp. en couleurs*.

FLAMENG (L.)

269. Copie de la Pièce aux *Cent Florins*, de Rembrandt. Très belle épreuve.

FLIPART (J. J.)

270. La Chasse au Tigre — La Chasse à l'Ours. Deux pièces d'apr. Boucher et Vanloo, se faisant pendants. Très belles épreuves.

FORTUNY — DETAILLE — GŒNEUTTE HELLEU

271. La Victoire — Trompette de chasseurs à cheval — Cuirassier, état — Maud P. S. — La Lettre — Six pièces. Belles épreuves.

FRAGONARD (Honoré)

272. L'Armoire (P. de B. 2). Très belle épreuve du 2e état, *avant* l'adresse de Naudet.

FRAGONARD (d'apr. H.)

273. L'Enfant et le bouledogue, copie par Denon. Très belle épreuve.

274. Sacrifice de la Rose, par H. Gérard. Belle épreuve (petite cassure).

275. Le Songe d'amour, par N. F. Regnault. Belle épreuve (petites cassures).

FREUDEBERG (d'apr. S.)

276. Le Négociant ambulant — Le Soldat en semestre. Deux pièces par Ingouf junior, se faisant pendants. Superbes épreuves *avant la lettre.*

277. Le Soldat en semestre, par Ingouf. Très belle et très rare épreuve à *l'état d'eau forte.*

GAUCHER (C. E.) — LEMPEREUR (L.)

278. Du Barry (Mme), d'apr. Drouais — Lecomte (Marguerite), d'apr. Watelet. Deux pièces. Très belles épreuves.

GAUTHIER-DAGOTY

279. Frontispice de la *Galerie Française de Portraits.* Belle épreuve.

GELLÉE (Claude)

280. Berger et Bergère conversant (21). Belle épreuve *avec* le trait échappé.

GÉRARD (Mlle Marguerite)

281. L'Enfant et le chat (P. de B. 1). Très belle épreuve. Rare.

GÉRARD (d'apr. Mlle) ?

282. Jeune Femme peintre devant son chevalet. Très belle épreuve, *avant toute lettre.*

GREUZE (d'apr. J. B.)

283. L'Accordée de village, par Flipart. Belle et rare épreuve à *l'état d'eau forte.*.

284. Le Gâteau des Rois — Le Paralytique servi par ses enfants. Deux pièces par Flipart. Rares épreuves à *l'état d'eau forte* (la 1re manque de conservation).

285. La Paix du Ménage — La Bonne éducation. Deux pièces par Moreau le jeune et Ingouf, se faisant pendants. Belles épreuves (mouillures).

HOIN (Claude)

286. Son propre Portrait — F. J. Hoin — J. J. L. Hoin. Trois pièces. Très belles épreuves.

HOGARTH (W.)

287. Aventures d'un fils prodigue et débauché, 1735. Suite complète de 8 pl. Belles épreuves.

288. Les Aventures d'une Fille publique. Suite complète de 6 pl. Belles épreuves *avant* la croix.

289. Le Mariage à la Mode, pl. 3 à 6 (par Baron et Ravenet) — O the Roast Beef — Mr Garrick in the Character of Richard the 3^{d}. Six pièces. Belles épreuves.

HOOGHE (Cornelis de)

290. *Exercisasio alphabetica nova... Anno 1569.* Suite de 34 pl. (manque la pl. 32 — la pl. 10 est double). Très belles épreuves.

HUBER (Jean)

291. Feuille de trente-cinq têtes différentes de Voltaire. Belle épreuve.

HUET (J. B.)

292. Sujet gracieux, gravé au trait. Très belle épreuve.

293. La Désolation des filles de joie. Belle épreuve *avant toute lettre.*

LAVREINCE (d'apr. N.)

294. Nina, par Colinet (41). Très belle épreuve *tirée en bistre, avant* les marges nettoyées.

LEGRAND (Louis)

295. Le Vaporisateur ou l'Hétaïre (L'Estampe moderne). Très belle épreuve *imp. en couleurs, timbrée* et *numérotée.*

296. Le Repos des Bicyclistes (L'Estampe moderne). Très belle épreuve, imp. en couleurs, *timbrée* et *numérotée.*

LEPÈRE (Aug.)

297. Le Bassin des Tuileries (265) (L'Estampe moderne). Très belle épreuve *imp. en couleurs, signée* et *numérotée.*

LE PRINCE (d'apr. J. B.)

298. Les Modèles, par J. de Longueil. Très belle épreuve, *avant toute lettre.*

LEU (Th. de)

299. Conti (Jeanne de Coesme, P[ce] de) (550). Belle épreuve du 1er état.

MANET (E.) — DESBOUTIN (M.)

300. Le Guitarero (épr. légèrement rognée) — Desboutin, de 3/4 — Cte Lepic, grande pl. Trois pièces.

MANTEGNA (And.)

301. Hercule et Antée (B. 16). Belle épreuve.

302. Les Éléphants portant des Torches (12). Bonne épreuve.

MARCENAY DE GHUY (A. de)

303. Legoux de Gerland (L. Morand 15) — Marie-Antoinette de Bavière (19) — J. A. de Thou (31) — Jeanne d'Arc (4) — Stanislas de Pologne — Le ciel se couvre... (69). Six pièces. Belles épreuves.

MARILLIER (C. P.)

304. Chiffres ornés, pl. 5 et 6. Deux pièces à toutes marges.

MARTINI (P. A.)

305. Expositions au Salon du Louvre, en 1785 et en 1787. Deux pièces. Bonnes épreuves.

MATHEY (Paul)

306. Rodrigues (Eugène) — Page d'album. Deux pièces. Très belles épreuves, *numérotées*.

MEISSONIER (J. L. E.)

307. Le grand Fumeur (H. B. 13). Superbe épreuve sur chine.

308. La même estampe. Très belle épreuve sur chine.

309. Les Apprêts du Duel (24) — Il Signore Annibale (23). Deux pièces. Très belles épreuves sur japon, *timbrées*.

MELLAN (Claude)

310. Nemours (H. de Savoie, duc de) — Retz (cardinal de) — Peiresc (Nic.) — Camus (J. P.). Quatre pièces. Belles épreuves.

MIGER (S.-C.)

311. Portrait de L. M. Vanloo d'après lui-même. Très rare épreuve non terminée, avec retouches.

MONNET (d'apr. Ch.)

312. Jupiter et Io, par G. Vidal, Très belle épreuve *avant la lettre* et *avant* la draperie. 111

313. Salmacis et Hermaphrodite, par Vidal. Deux épreuves *avant la lettre*, une à *l'état d'eau-forte*. (l'épr. terminée manque de conservation).

314. Les Baigneuses surprises, par G. Vidal. Belle épreuve *avant toute lettre*, et *avant* la draperie.

MOREAU le jeune (J. M.)

315. L'Amant guéri, pour les *Chansons* de Laborde (881). Epr. *avant la lettre*.

316. Cathédrale d'Orléans (855) — La Rose ou Fête de Salency (1552), état *non terminé*. Deux pièces. Belles épreuves.

MOREAU LE JEUNE (J. M.) — MONNET (C.)

317. Ouverture des États-Généraux, à Versailles, 5 mai 1789. Deux pièces. Belles épreuves.

MORIN (Jean)

318. Thou (Christ. de) — Thou (J. de). Deux pièces. Belles épreuves.

NANTEUIL (R.)

319. Chamaillard (Gui), 1664 (59). Très belle épreuve.

320. Courtin (H.), 1668 (80). Très belle épreuve du 1er état.

321. Le Tellier (C. M.) (139) — Scudéry (G. de) (221-1er état). Deux pièces. Belles épreuves.

OUDRY ET PATER (d'apr.)

322. Roman Comique. 6 pl. Belles épreuves.

PETITS MAITRES

323. Travaux d'Hercule — Danseurs de noce — Arabesques. Dix pièces.

PORTRAITS

324. Portraits de Watteau, Leclerc et Taraval. Trois pièces par Crépy, Taraval, etc. Belles épreuves.

325. Mme Vigée-Lebrun — Mme de Staël — Cardinal de Bouillon — Louis XVIII. Quatre pièces par Folo, Godby, Preissler et Audinet. Belles épreuves.

326. Gaston d'Orléans — Descartes — O. Talon — J. M. Terray — Ducis. Cinq pièces par Sompel, Lubin, Poilly, Cathelin et Avril. Belles épreuves.

327. FEMMES : Mme de Genlis — Mme Favart — Mlle Contat — Mme de Villette — Bnne de Noyelles — Mme de Guillouville. Six pièces par Copia, Flipart, Dupin, Mme Lingée, Gaucher et Campion. Très belles épreuves.

328. Boileau — Poullain de St-Foix — François Ier, d'Autriche — Abbé Crozat — Louis XVI — Joseph II — Frédéric-Guillaume de Prusse — Voltaire, etc. Dix pièces par Savart, Gaucher, Le Mire et autres (deux *avant la lettre*). Très belles épreuves.

329. Bossuet (J. Benigne) — Condé — Marigny (Mis de) — Mariette — Gravelot — de Piis — A. Piron — A.-L. de Rossel — Bitaubé — J.-J. Rousseau. Dix pièces, par Savart, Gaucher, Choffard, St- Aubin. Très belles épreuves.

330. Tyard — Marie de Médicis — Marie Leczinska — Mme de Lamballe — Jeanne D'Arc — Bonaparte, etc. Onze pièces par Thomas De Leu, Ruotte, Vogel, etc.

331. Sévigné (Mme de) — Montluc (Bl. de) — Mayenne (duc de) — Gellert — Lessing — Roupert (L) — Loret (J.), etc. Treize pièces par C. de Pas, Chéreau, Lasne, Bause et autres.

332. Cléry (J.-B.) — Angoulême (Duc d') — Artois (Cte d') — St-Marc — Glück — Basan (F.). Sept pièces par Audinet, Schiavonetti, St-Aubin, etc. Belles épreuves, un *tirage hors-texte*.

PRUD'HON (Par et d'apr. P. P.)

333. La Raison parle et le Plaisir entraîne, par B. Roger (78). Deux épreuves des 2e et 3e états, la seconde très belle.

334. Le Cruel rit des Pleurs qu'il fait verser — L'Amour réduit à la raison. Deux pièces par Copia, se faisant pendants. Belles épreuves, la seconde *avant la lettre.*

335. Innocence et Amour, par Pillement et Villerey. Deux très belles épreuves *avant la lettre,* une non terminée.

336. Phrosine et Melidore — Le Premier baiser de l'amour — Aminta, etc. Cinq pièces. Belles épreuves.

RANFT — MALO RENAULT — VILLON

337. Bal costumé — En Victoria — La Cigarette. Quatre pièces. Très belles épreuves, *imp. en couleurs, signées et numérotées.*

REGNAULT (N. F.)

338. Ah ! s'il s'éveillait ! Très belle épreuve.

339. Soir. Très belle épreuve.

RELIURE

340. Maroquin rouge, filets or, armoiries sur les plats.

REYNOLDS (d'apr. Sir J.)

341. Reflections on Clarissa Harlow, par G. Scorodomow, 1775. Belle épreuve, tirée en bistre.

342. Richd. Robinson, par R. Houston. Belle épreuve.

ROPS (F).

343. La Femme au trapèze (53). Superbe épreuve d'état, sur papier ancien. Signée.

344. Celle qui fait « celle qui lit Musset » (124). Très belle épreuve du 2e état, *avant* divers travaux, sur Japon, *signée*.

345. Médecine expérimentale (219). Très belle épreuve.

346. Mam'zelle Gavroche (232). Très belle épreuve sur Japon.

347. La Dame au cochon (239). Très belle épreuve sur japon, *signée*.

348. Louis XIV ! (245). Très belle épreuve du 1er état, sur japon.

349. Le Ravissement de sœur Marie Alacoque (259). Superbe épreuve du 1er état, sur japon, *signée*.

350. La Justicière ou Ecce Homo. Très belle épreuve sur japon, *signée*.

351. Masques parisiens, petite planche, très belle épreuve imprimée en deux tons.

352. Frontispice pour l'*Impuissance d'aimer*, de J. de Tinan. Très belle épreuve, *avec* les croquis, sur japon.

353. L'Été — Voyage au pays des vieux dieux. Deux pièces sur japon.

354. Le Bassoniste — Vignettes et frontispices libres. Onze pièces y compris un croquis original pour le Dictionnaire érot...

355. L'Ariette — Cythères Parisiennes — Le Maillot — Tentation de St Antoine, etc. Sept pièces par et d'après Rops. Belles épreuves.

ROPS (d'apr. F.)

356. Le Scandale, par A. Bertrand. Superbe épreuve, *imp. en couleurs*, *timbrée* et *numérotée* (n° 1).

357. Le quatrième verre de cognac, photogravure. Superbe épreuve tirée sur papier ancien.

SAINT-AUBIN (Aug. de)

358. Conti (P^{sse} de), d'apr. Cochin fils (54 — 1er état). Très belle épreuve, toute marge.

359. Le Couteulx du Moley (Sophie), d'apr. Cochin fils. Belle épreuve.

360. Orléans (L. Phil., d'), d'apr. Cochin fils (202). Deux belles épreuves, une du 1er état, *à l'eau forte pure.*

361. La Marchande de chataignes, par le Ch^{r} de Parlington. Superbe épreuve d'état. Rare.

SAINT-AUBIN (Gabriel de)

362. Vignettes pour la tragédie de Tancrède (35-36). Deux pièces. Très belles épreuves.

SAINT-NON (l'abbé de)

363. Sujets divers, Paysages, Antiquités, 13 pl., d'apr. Fragonard et H. Robert. Belles épreuves.

SICARDI (d'apr.)

364. *Oh! che boccore!* par Th. Burke. Belle épreuve.

SIMON (Pierre)

365. Christian-Louis de Mecklembourg (n° 2286), grand in-folio. Belle épreuve (petites cassures).

STEINLEN (Th. A.)

366. Retour du Lavoir. Très belle épreuve, *timbrée.*

367. La même estampe. Très belle épreuve *du tirage différent, timbrée.*

TANJÉ (P.)

368. Son Portrait, par lui-même. Très belle épreuve, *avant toute lettre.*

TENIERS (d'après D.)

369. Le Rémouleur. Pastel. Encadré.

THÉVENIN (Charles)

370. Prise de la Bastille. Belle épreuve.

TOCQUÉ (d'après L.)

371. St Florentin (L. Phelypeaux de) — Livry (N. de) — Marigny (Mis de) — Le Normand de Tournehem. Quatre pièces par Wille, Massard et Dupuis. Belles épreuves.

VANLOO (d'apr. J.)

372. Le Coucher, par Porporati. Superbe épreuve *avant toute lettre*, à toutes marges.

VERNET (d'après J.)

373. Embarquement de la jeune Grecque, par Y. Le Gouaz — Le Baigneur, par Baléchou. Deux pièces. Belles épreuves.

VIGNETTES

374 à 376. Vignettes *avant la lettre* ou à *l'état d'eau-forte*.

377. Grandes vignettes, d'après Monsiau, Gérard, Moreau le jeune, Le Barbier. Dix-sept pièces pour divers ouvrages, avant la lettre ou à l'état d'eau-forte (sauf une).

WATTEAU (d'apr. Ant.)

378. Ant. de la Roque, par Lépicié (17). Belle épreuve.

379. J. B. Rebel, par J. Moyreau (16). Très belle épreuve.

380. Louis XIV mettant le cordon bleu au Duc de Bourgogne, par de Larmessin. Bonne épreuve.

WIERIX (Jean)

381. Henri III, roi de France. Très belle épreuve d'une pièce *non décrite* par Alvin. Très rare.

DIVERS

382. Sujets divers, Portraits, Paysages, 30 pl.

383. Sujets divers, Vues, paysages, vignettes, 35 pl. anc. et mod.

384. Sujets divers, académies, vues, etc. 47 pl., la plupart anciennes.

FRAZIER-SOYE

GRAVEUR-IMPRIMEUR

153-157, RUE MONTMARTRE

PARIS

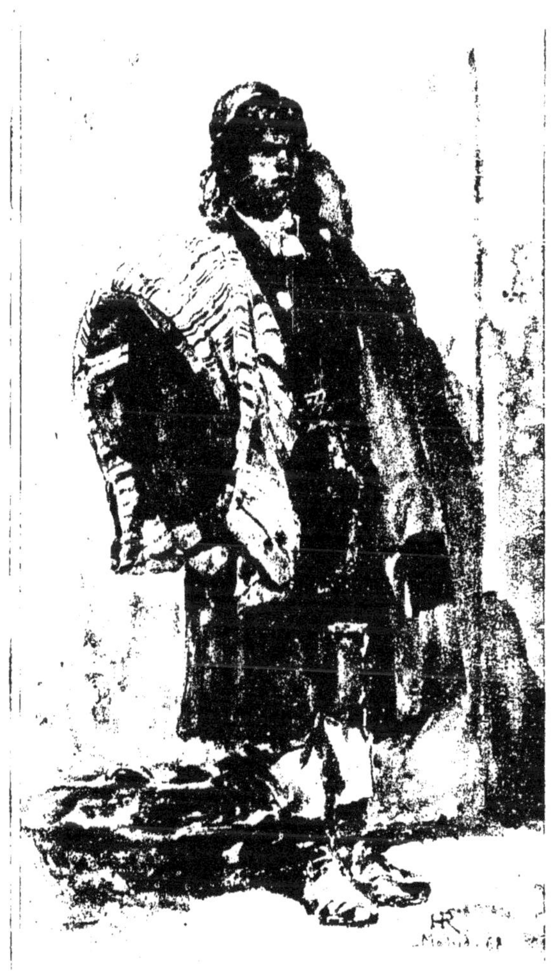

N° 172 du Catalogue.

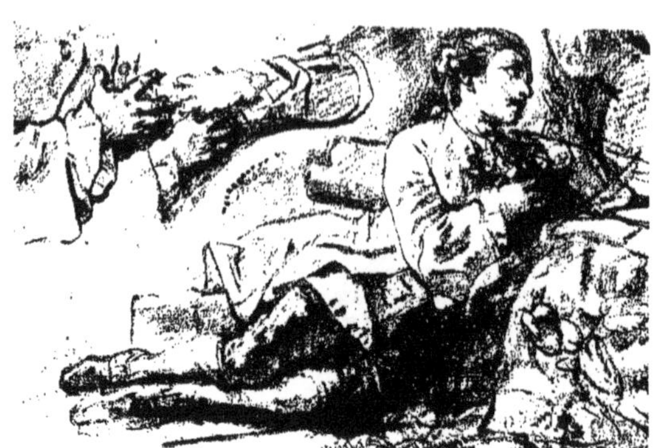

N° 179 du Catalogue.

N° 196 du Catalogue.

www.ingramcontent.com/pod-product-compliance
Ingram Content Group UK Ltd.
Pitfield, Milton Keynes, MK11 3LW, UK
UKHW020433180726
13839UKWH00003B/1479